Dr. Oetker

Tartes

Dr. Oetker Verlag

Vorwort

Lieben Sie auch diese unwiderstehlich leckeren flachen Tartes aus Frankreich? Wenig Boden und ganz viel Frucht. Oder mögen Sie es lieber mit Teig-Deckel wie die schmackhaften Pies in England? Oder sind Sie Schweiz-Fan mit großen fruchtigen Wähen? – Hier werden Sie fündig.

Backen Sie mit den Früchten der Saison. Mit diesen Kreationen gucken Sie und Ihre Gäste ganz bestimmt nicht in die Röhre.

Tarte à l'orange

1 Tarteform (Ø 28 cm)

Zutaten:
weiche Butter oder Margarine
zum Einfetten

Für den Knetteig:

200 g	Weizenmehl
1 Prise	Salz
25 g	Zucker
1 Pck.	Dr. Oetker Vanillin-Zucker
1 EL	Speiseöl
100 g	Butter

Für den Belag:

5 EL	bittere Orangenmarmelade
125 g	Schlagsahne
50 g	Zucker
3	Eier (Größe M)
1 Pck.	Dr. Oetker Finesse Geriebene Orangenschale
5	Orangen

Zum Bestäuben:
evtl. Puderzucker

Zubereitungszeit: etwa 55 Minuten, ohne Kühlzeit
Insgesamt: E: 54 g, F: 158 g, Kh: 417 g, kJ: 14113, kcal: 3372, BE: 35,0

1. Für den Teig Mehl und Salz in eine Rührschüssel geben und mit einem Schneebesen verrühren. Zucker, Vanillin-Zucker, Öl und Butter hinzufügen. Die Zutaten mit Handrührgerät mit Knethaken zunächst kurz auf niedrigster, dann auf höchster Stufe gut durcharbeiten. Anschließend auf der bemehlten Arbeitsfläche zu einem glatten Teig verkneten. Den Teig in Frischhaltefolie wickeln und etwa 1 Stunde kühl stellen. Die Tarteform einfetten.

2. Teig und Arbeitsfläche mit Mehl bestäuben. Den Teig zu einer runden Platte (Ø 32 cm) ausrollen, in die Form legen und am Rand etwa 2 cm hoch andrücken. Den Teigboden mit einer Gabel mehrmals einstechen. Den Backofen vorheizen.

3. 2–3 Esslöffel der Marmelade auf den Teigboden streichen. Sahne mit Zucker, Eiern und Orangenschale verrühren und in die Form geben. Die Orangen so schälen, dass auch die weiße Haut entfernt wird, dabei den Orangensaft auffangen. Orangen in Scheiben schneiden und dachziegelartig in Kreisen in die Form legen. Die Form auf dem Rost in den vorgeheizten Backofen schieben.

Ober-/Unterhitze: etwa 200 °C
Heißluft: etwa 180 °C
Backzeit: etwa 30 Minuten.

4. Die Form auf einen Kuchenrost stellen. Die Tarte in der Form erkalten lassen. Restliche Marmelade und 1 Esslöffel vom aufgefangenen Orangensaft aufkochen, durch ein Sieb geben und auf die Orangenscheiben streichen. Die Tarte nach Belieben mit Puderzucker bestäuben.

Tipp: Wenn Sie den Geschmack der bitteren Oragenmarmelade nicht mögen, verwenden Sie Orangenmarmelade, die ohne Bitterorangen hergestellt wurde. Oder nehmen Sie z. B. eine Sauerkirsch- oder Himbeerkonfitüre. Die geben der Tarte zusätzlich einen fruchtigen Geschmack.

Birnen-Brombeer-Tarte

Zubereitungszeit: etwa 50 Minuten, ohne Kühlzeit
Insgesamt: E: 30 g, F: 160 g, Kh: 401 g, kJ: 13342, kcal: 3186, BE: 33,5

1 Tarteform (Ø 28 cm)

Zutaten:
weiche Butter oder Margarine zum Einfetten

Für den Knetteig:

220 g	Weizenmehl
1 gestr. TL	Dr. Oetker Backin
80 g	Zucker
1 Pck.	Dr. Oetker Vanillin-Zucker
1 Prise	Salz
2 EL	kalte Milch
150 g	Butter

Für den Belag:

700 g	Birnen
250 ml (1/4 l)	Wasser
2 EL	Zitronensaft
1 Pck.	Dr. Oetker Vanillin-Zucker
1/2 Pck.	Dr. Oetker Pudding-Pulver Mandel-Geschmack (20 g)
20 g	Zucker
30 g	Butter
150 g	Brombeeren

Zum Bestreuen:

1–2 EL	brauner Rohrzucker

1. Für den Teig Mehl und Backpulver in eine Rührschüssel geben und mit einem Schneebesen verrühren. Zucker, Vanillin-Zucker, Salz, Milch und Butter hinzufügen. Zutaten mit Handrührgerät mit Knethacken zunächst auf niedrigster, dann auf höchster Stufe gut durcharbeiten.

2. Anschließend auf einer bemehlten Arbeitsfläche zu einem glatten Teig verkneten. Den Teig in Frischhaltefolie wickeln und etwa 1 Stunde kühl stellen.

3. Für den Belag die Birnen abspülen, schälen, vierteln, die Kerngehäuse entfernen. Birnenviertel längs in etwa 1 1/2 cm dicke Spalten schneiden. 200 ml des Wassers, Zitronensaft und Vanillin-Zucker in einen flachen Topf geben und aufkochen. Birnenspalten in den Topf geben und zugedeckt etwa 5 Minuten bei schwacher Hitze dünsten. Birnenspalten in ein Sieb geben und abtropfen lassen. Birnensud auffangen (ergibt etwa 200 ml).

4. Pudding-Pulver mit restlichem Wasser (50 ml) und Zucker verrühren. Birnensud und Butter aufkochen, von der Kochstelle nehmen, angerührtes Pudding-Pulver einrühren und unter Rühren aufkochen. Abkühlen lassen.

5. Den Boden der Tarteform einfetten. Den Backofen vorheizen. Brombeeren verlesen, in einem Sieb abspülen und abtropfen lassen.

6. Zwei Drittel des Teiges auf der bemehlten Arbeitsfläche zu einer runden Platte (Ø 28 cm) ausrollen und in die Form legen. Den Teigboden mit einer Gabel mehrfach einstehen. Die Form auf dem Rost in den vorgeheizten Backofen schieben.

Ober-/Unterhitze: etwa 180 °C
Heißluft: etwa 180 °C
Backzeit: 10–15 Minuten.

7. Die Form auf einen Kuchenrost stellen. Restlichen Teig auf der bemehlten Arbeitsfläche zu einer Rolle (etwa 80 cm Länge) formen, auf den vorgebackenen Teigboden legen und am Rand der Form andrücken. Pudding auf den Teigboden geben und glattstreichen. Birnenspalten dachziegelartig auf den Pudding legen. Brombeeren an den Rand und in die Mitte legen. Die Form auf dem Rost in den Backofen schieben. Die Tarte **bei gleicher Backofeneinstellung in 20–25 Minuten fertig backen**.

8. Die Form auf einen Kuchenrost stellen. Die Birnen mit braunem Zucker bestreuen. Die Tarte etwas abkühlen lassen. Warm oder kalt servieren.

Tarte Tatin

Zubereitungszeit: etwa 30 Minuten, ohne Kühlzeit
Insgesamt: E: 23 g, F: 120 g, Kh: 371 g, kJ: 11228, kcal: 2685, BE: 31,0

1 Tarteform (Ø 28 cm)

Zutaten:

Für den Knetteig:

20 g	Puderzucker
150 g	Weizenmehl
1 Pck.	Dr. Oetker Vanillin-Zucker
1 Prise	Salz
1	Eigelb (Größe M)
3–4 EL	kaltes Wasser
80 g	Butter

Für den Belag:

1,2 kg	Äpfel, z. B. Boskop oder Elstar
2 EL	Zitronensaft
120 g	Zucker
50 g	weiche Butter

1. Für den Teig Puderzucker in eine Rührschüssel sieben, Mehl dazugeben, Zutaten mit einem Schneebesen verrühren.

2. Vanillin-Zucker, Salz, Eigelb, Wasser und Butter hinzufügen. Zutaten mit Handrührgerät mit Knethaken zunächst kurz auf niedrigster, dann auf höchster Stufe kurz durcharbeiten, anschließend auf der Arbeitsfläche zu einem glatten Teig verkneten. Den Teig in Frischhaltefolie wickeln und etwa 1 Stunde kühl stellen.

3. Für den Belag Äpfel abspülen, schälen, vierteln, die Kerngehäuse entfernen. Apfelviertel mit Zitronensaft beträufeln.

4. Zucker in einer Pfanne goldbraun karamellisieren, mit einem Kochlöffel die Butter unterrühren. Heißen Karamell in die Tarteform gießen. Die Apfelviertel mit einer glatten Seite nach unten in die Form legen.

5. Teig und Arbeitsfläche mit Mehl bestäuben. Den Teig zu einer runden Platte (Ø etwa 32 cm) ausrollen, über die Äpfel legen und mit einer Gabel mehrfach einstechen. Überstehenden Teigrand nach innen, an den Rand der Form legen. Die Form auf dem Rost in den vorgeheizten Backofen schieben.

Ober-/Unterhitze: etwa 200 °C
Heißluft: etwa 180 °C
Backzeit: etwa 40 Minuten.

6. Das Gebäck etwa 20 Minuten in der Form abkühlen lassen, damit sich die ausgetretene Flüssigkeit sammeln kann. Die Tarte vorsichtig auf eine Platte stürzen.

Tipp: Die Tarte Tatin ist auch als Dessert sehr gut geeignet. Dazu schmeckt steifgeschlagene Schlagsahne.

Johannisbeer-Tarte

Zubereitungszeit: etwa 120 Minuten, ohne Teiggeh- und Abkühlzeit
Insgesamt: E: 64 g, F: 135 g, Kh 472 g, kJ: 14557, kcal: 3481, BE: 39,0

1 Tarteform (Ø 28 cm)

Zutaten:
weiche Butter oder Margarine zum Einfetten, Backpapier, etwa 400 g getrocknete Erbsen zum Backen

Für den Hefeteig:

250 g	Weizenmehl
1 Pck.	Dr. Oetker Trockenbackhefe
25 g	Zucker
1 Pck.	Dr. Oetker Vanillin-Zucker
	Salz
1	Ei (Größe M)
75 g	weiche Butter
50 ml	lauwarme Milch

Für die Creme:

2 Blatt	Gelatine, weiß
1 Pck.	Dr. Oetker Pudding-Pulver Vanille-Geschmack
75 g	Zucker
375 ml (3/8 l)	Milch
150 g	Crème fraîche

Für den Belag:

600 g	rote, schwarze und weiße Johannisbeeren
1 Pck.	Dr. Oetker Gezuckerter Tortenguss, klar
250 ml (1/4 l)	roter Johannisbeernektar oder klarer Apfelsaft

1. Für den Teig Mehl und Trockenbackhefe in eine Rührschüssel geben und mit einem Schneebesen verrühren. Restliche Zutaten nacheinander hinzufügen.

2. Die Zutaten mit den Knethaken des Handrührgerätes zunächst auf niedrigster, dann auf höchster Stufe in etwa 5 Minuten zu einem glatten Teig verarbeiten. Den Teig zugedeckt an einem warmen Ort so lange gehen lassen, bis er sich sichtbar vergrößert hat (etwa 40 Minuten).

3. Die Form einfetten. Den Backofen vorheizen.

4. Den Teig und die Arbeitsfläche mit Mehl bestäuben. Den Teig nochmals gut durchkneten, zu einer runden Platte (Ø 32 cm) ausrollen und in die Form legen. Den Teig am Rand der Form andrücken, den Teigboden mehrmals mit einer Gabel einstechen. Ein Stück Backpapier (etwas größer als die Form) auf den Teig legen, getrocknete Erbsen darauf verteilen. Die Form auf dem Rost in den vorgeheizten Backofen schieben.

Ober-/Unterhitze: etwa 200 °C
Heißluft: etwa 180 °C
Backzeit: etwa 30 Minuten.

5. Die Form auf einen Kuchenrost stellen. Papier und Erbsen entfernen, den Boden in der Form erkalten lassen.

6. Für die Creme Gelatine nach Packungsanleitung einweichen.

7. Pudding-Pulver nach Packungsanleitung mit der hier angegebenen Menge Zucker und Milch zubereiten. Die Gelatine leicht ausdrücken, auf den heißen Pudding geben und so lange rühren, bis die Gelatine aufgelöst ist. Crème fraîche unterrühren. Die Puddingcreme etwas abkühlen lassen, in die Form geben und glattstreichen.

8. Johannisbeeren abspülen, gut abtropfen lassen, von den Rispen streifen und auf der Puddingcreme verteilen.

9. Aus Tortenguss und Nektar oder Saft nach Packungsanleitung einen Guss zubereiten und von der Mitte aus über die Johannisbeeren verteilen. Den Guss fest werden lassen.

Tipp: Die Tarte mit gesüßter, steifgeschlagener Schlagsahne servieren.

Pfirsich-Kokos-Tarte

1 Tarteform (Ø 28 cm)

Zutaten:
weiche Butter oder Margarine zum Einfetten

Für die Streusel:

50 g	Weizenmehl
25 g	Kokosraspel
50 g	Zucker
50 g	weiche Butter

Für den Belag:

1 Dose	Pfirsichhälften (465 g Abtropfgewicht)

Für den All-in-Teig:

1	Bio-Limette (unbehandelt, ungewachst)
125 g	Weizenmehl
1 gestr. TL	Dr. Oetker Backin
50 g	Zucker
1	Ei (Größe M)
100 ml	Speiseöl
100 g	Crème fraîche
50 g	Kokosraspel

Zubereitungszeit: etwa 30 Minuten
Insgesamt: E: 35 g, F: 231 g, Kh: 317 g, kJ: 14616, kcal: 3495, BE: 26,5

1. Die Form einfetten. Den Backofen vorheizen.

2. Für die Streusel Mehl, Kokosraspel und Zucker in eine Rührschüssel geben und mit einem Schneebesen verrühren. Butter hinzufügen. Die Zutaten mit Handruhrgerät mit Rührbesen zu Streuseln von gewünschter Größe verarbeiten. Je länger gerührt wird, desto größer die Streusel. Streusel bis zum Gebrauch kühl stellen.

3. Für den Belag Pfirsichhälften in einem Sieb abtropfen lassen.

4. Für den Teig die Limette heiß abspülen, trocken tupfen, die Schale auf der Haushaltsreibe abreiben, mit Mehl und Backpulver in eine Rührschüssel geben und mit einem Schneebesen verrühren. Zucker, Ei, Speiseöl, Crème fraîche und Kokosraspel hinzufügen. Die Zutaten mit Handrührgerät mit Rührbesen in 1 Minute zu einem glatten Teig verarbeiten.

5. Den Teig in die Form füllen und glattstreichen. Pfirsichhälften in jeweils 4 Spalten schneiden und kreisförmig auf den Teig legen.

6. Streusel auf Pfirsichspalten und Teig verteilen. Die Form auf dem Rost in den vorgeheizten Backofen schieben.

Ober-/Unterhitze: etwa 180 °C
Heißluft: etwa 160 °C
Backzeit: 40–45 Minuten.

7. Die Form auf einen Kuchenrost stellen. Die Tarte lauwarm oder kalt servieren.

Tipp: Wenn Sie frische Pfirsiche verwenden möchten, ritzen Sie die Haut an der Unterseite der Pfirsiche kreuzweise ein. Die Pfirsiche erst kurz in kochendes, anschließend in kaltes Wasser legen und die Haut abziehen. Dann die Pfirsiche halbieren und den Stein entfernen.

Blätterteig-Tarte mit Birnen

1 Tarteform (Ø 28 cm)

Zutaten:
weiche Butter oder Margarine zum Einfetten

Für den Teigboden:

1 Pck.	TK- Blätterteig (450 g, 6 rechteckige Platten)

Für den Belag:

5	reife Birnen, z. B. Butterbirnen (etwa 700 g)
2 EL	Birnenbrand oder -geist

Für den Guss:

200 g	Doppelrahm-Frischkäse
70 g	Schlagsahne
2	Eier (Größe M)
2 EL	Zucker
1 TL	Speisestärke

Zum Bestäuben:
Puderzucker

Zubereitungszeit: etwa 40 Minuten, ohne Auftau- und Ruhezeit
Insgesamt: E: 67 g, F: 209 g, Kh: 280 g, kJ: 13791, kcal: 3293, BE: 23,0

1. Den Blätterteig zugedeckt nach Packungsanleitung auftauen lassen.

2. Für den Belag die Birnen abspülen, schälen und halbieren. Die Kerngehäuse mit einem Kugelausstecher oder Teelöffel entfernen. Die Birnenhälften fächerartig einschneiden, auf eine Platte legen und mit Birnenbrand oder -geist beträufeln.

3. Die Blätterteigplatten auf der bemehlten Arbeitsfläche aufeinanderlegen und zu einem Quadrat (etwa 32 x 32 cm) ausrollen, die Kanten gerade schneiden. Den Boden der Form einfetten. Den Teig in die Form legen, Teigränder leicht überlappen lassen. Teig mehrmals mit einer Gabel einstechen und etwa 15 Minuten ruhen lassen (der Teig zieht sich etwas zusammen).

4. Den Backofen vorheizen. Für den Guss Frischkäse mit Sahne, Eiern, Zucker und Speisestärke verrühren.

5. Die Birnenhälften wie Fächer auf dem Teigboden verteilen. Den Guss darübergießen. Die Form auf dem Rost in den vorgeheizten Backofen schieben.

Ober-/Unterhitze: etwa 200 °C
Heißluft: etwa 180 °C
Backzeit: etwa 30 Minuten.

6. Die Form auf einen Kuchenrost stellen. Die Tarte etwas abkühlen lassen, mit Puderzucker bestäuben und servieren.

Tipp: Die Birnen-Tarte lauwarm servieren.

Schnelle Aprikosen-Rotwein-Tarte

Zubereitungszeit: etwa 15 Minuten
Insgesamt: E: 68 g, F: 162 g, Kh: 412 g, kJ: 14486, kcal: 3456, BE: 34,0

1 Tarteform (Ø 28 cm)

Zutaten:
weiche Butter oder Margarine zum Einfetten, Backpapier

Für den Belag:

1 Dose	Aprikosenhälften (480 g Abtropfgewicht)
2 EL	brauner Rohrzucker

Für den All-in-Teig:

150 g	Weizenmehl
2 gestr. TL	Dr. Oetker Backin
170 g	abgezogene, gehackte Mandeln
3 EL	Schokoblättchen, dragiert
70 g	Rosinen
100 g	brauner Rohrzucker
1 Pck.	Dr. Oetker Bourbon-Vanille-Zucker
2	Eier (Größe M)
5 EL	Speiseöl
100 ml	Rotwein

1. Aprikosen in einem Sieb abtropfen lassen und in breite Spalten schneiden. Den Boden der Tarteform einfetten und mit Backpapier in Größe der Form belegen. Den braunen Zucker auf das Backpapier streuen, die Aprikosenhälften darauf verteilen. Den Backofen vorheizen.

2. Für den Teig Mehl und Backpulver in eine Rührschüssel geben und mit einem Schneebesen verrühren. Gehackte Mandeln, Schokoblättchen, Rosinen, braunen Zucker und Vanillin-Zucker, Eier, Öl und Rotwein hinzufügen. Die Zutaten mit Handrührgerät mit Rührbesen in etwa 1 Minute zu einem Teig verarbeiten.

3. Den Teig esslöffelweise in die Form auf die Aprikosenspalten geben und glattstreichen. Die Form auf dem Rost in den vorgeheizten Backofen schieben.

Ober-/Unterhitze: etwa 200 °C
Heißluft: etwa 180 °C
Backzeit: 40–45 Minuten.

4. Die Form auf einen Kuchenrost stellen. Den Kuchen nach 15 Minuten aus der Form auf einen mit Backpapier belegten Kuchenrost stürzen. Mitgebackenes Backpapier vorsichtig abziehen. Die Tarte erkalten lassen.

Tipp: Wenn Sie das Rezept ohne Rotwein zubereiten möchten, können Sie ihn durch 80 ml roten Traubensaft oder Johannisbeernektar ersetzen. Verwenden Sie zusätzlich einen Esslöffel Zitronen- oder Limettensaft, dann ist der Teig genauso locker.

Stachelbeer-Grieß-Tarte

1 Springform (Ø 28 cm)

Zutaten:
weiche Butter oder Margarine
zum Einfetten

Für den Rührteig:

750 ml (3/4 l)	Milch
150 g	Weizengrieß
1 Glas	Stachelbeeren (390 g Abtropfgewicht)
30 g	gehacktes Zitronat
150 g	weiche Butter oder Margarine
200 g	Zucker
1 Pck.	Dr. Oetker Vanillin-Zucker
1 Pck.	Dr. Oetker Finesse Geriebene Zitronenschale
1 Prise	Salz
5	Eigelb (Größe M)
30 g	Speisestärke
1 Msp.	Dr. Oetker Backin
125 g	abgezogene, gemahlene Mandeln
5	Eiweiß (Größe M)

Zum Bestäuben:
Puderzucker

Zubereitungszeit: etwa 30 Minuten, ohne Abkühlzeit
Insgesamt: E: 98 g, F: 253 g, Kh: 474 g, kJ: 19557, kcal: 4674, BE: 39,5

1. Für den Teig Milch in einem Topf zum Kochen bringen, Topf von der Kochstelle nehmen. Grieß unter Rühren einstreuen, kurz aufkochen und abkühlen lassen. Stachelbeeren in einem Sieb abtropfen lassen.

2. Den Boden der Springform einfetten. Den Backofen vorheizen. Zitronat etwas feiner hacken.

3. Butter oder Margarine mit Handrührgerät mit Rührbesen auf höchster Stufe geschmeidig rühren. Nach und nach Zucker, Vanillin-Zucker, Zitronenschale und Salz unterrühren. So lange rühren, bis eine gebundene Masse entstanden ist. Eigelb nach und nach unterrühren. Die Grießmasse in kleinen Portionen hinzugeben und unterrühren.

4. Speisestärke, Backpulver und Mandeln in einer kleinen Schüssel mit einem Schneebesen verrühren und zusammen mit dem Zitronat unter den Grießteig rühren. Eiweiß steifschlagen und unterheben. Die Stachelbeeren unterheben.

5. Den Teig in die Form füllen und glattstreichen. Die Form auf dem Rost in den vorgeheizten Backofen schieben.

Ober-/Unterhitze: etwa 180 °C
Heißluft: etwa 160 °C
Backzeit: 60–70 Minuten.

6. Die Form auf einen Kuchenrost stellen. Nach 10 Minuten den Springformrand mit einem Messer entfernen, die Tarte erkalten lassen. Die Tarte auf eine Platte geben und kurz vor dem Servieren mit Puderzucker bestäuben.

Tipp: Anstelle der Stachelbeeren aus dem Glas können Sie auch frische Stachelbeeren verwenden. Die Stachelbeeren waschen, abtropfen lassen, putzen und roh unter den Teig heben. Dann 250 g statt 200 g Zucker für den Teig verwenden.

Limettencreme-Tarte

1 Tarteform (Ø 28 cm)

Zutaten:
weiche Butter oder Margarine zum Einfetten

Für den Knetteig:

200 g	Weizenmehl
1 Msp.	Dr. Oetker Backin
50 g	Zucker
1 Pck.	Dr. Oetker Vanillin-Zucker
1 Prise	Salz
2 EL	kaltes Wasser
100 g	Butter

Für den Belag:

4 Blatt	weiße Gelatine
3	Bio-Limetten (unbehandelt, ungewachst)
3	Eigelb (Größe M)
75 g	Zucker
1 Prise	Salz
3	Eiweiß (Größe M)
75 g	Zucker

Zum Verzieren und Garnieren:

100 g	Schlagsahne
1 EL	Zucker

Zubereitungszeit: etwa 70 Minuten, ohne Kühlzeit
Insgesamt: E: 50 g, F: 141 g, Kh: 377 g, kJ: 12723, kcal: 3041, BE: 31,0

1. Für den Teig Mehl und Backpulver in eine Rührschüssel geben, mit einem Schneebesen verrühren. Zucker, Vanillin-Zucker, Salz, Wasser und Butter hinzufügen. Die Zutaten mit Handrührgerät mit Knethaken zunächst kurz auf niedrigster, dann auf höchster Stufe gut durcharbeiten, anschließend auf der Arbeitsfläche zu einem glatten Teig verkneten. Den Teig in Frischhaltefolie wickeln und etwa 1 Stunde kühl stellen. Den Boden der Tarteform einfetten. Den Backofen vorheizen.

2. Den Teig zu einer Platte (Ø 32 cm) ausrollen, die Form damit auslegen. Den Teig am Rand hochdrücken. Den Teigboden mehrmals mit einer Gabel einstechen. Die Form auf dem Rost in den vorgeheizten Backofen schieben.

Ober-/Unterhitze: etwa 200 °C
Heißluft: etwa 180 °C
Backzeit: 25–30 Minuten.

3. Die Form auf einen Kuchenrost stellen. Das Gebäck in der Form erkalten lassen.

4. Für den Belag Gelatine nach Packungsanleitung einweichen. Limetten heiß abwaschen und trocken tupfen. Von 1 Limette die Schale dünn abschälen und zum Garnieren beiseitelegen. Von den übrigen Limetten die Schale abreiben, alle Limetten auspressen. 100 ml Saft abmessen.

5. Eigelb mit Zucker, Salz und Limettensaft in einer Metallschüssel verrühren. Einen Topf 1/3 hoch mit Wasser füllen, die Metallschüssel in das Wasserbad setzen. Das Ganze erhitzen. Dabei die Eigelb-Saft-Mischung mit einem Schneebesen zu einer hellen Creme aufschlagen. Das Wasserbad nicht kochen lassen.

6. Die Schüssel aus dem Wasserbad nehmen und die Creme noch etwas weiterschlagen. Die Gelatine leicht ausdrücken und in der warmen Limettencreme unter Rühren auflösen. Die abgeriebene Limettenschale hinzufügen und die Creme kühl stellen.

7. Sobald die Creme dicklich zu werden beginnt, Eiweiß mit Zucker steifschlagen und unter die Limettencreme ziehen. Creme auf den Gebäckboden füllen und glattstreichen. Die Tarte etwa 2 Stunden kühl stellen.

8. Sahne mit Zucker steifschlagen und mit einem Teelöffel 8 Tupfen auf die Creme geben. Beiseitegelegte Limettenschale in feine Streifen schneiden und auf die Tarte streuen.

Kirsch-Gewürz-Tarte

Zubereitungszeit: etwa 50 Minuten
Insgesamt: E: 62 g, F: 259 g, Kh: 562 g, kJ: 20422, kcal: 4880, BE: 47,0

1 Tarteform (Ø 28 cm)

Zutaten:
weiche Butter oder Margarine zum Einfetten

Für den Belag:

1 Glas	Sauerkirschen (370 g Abtropfgewicht)
40 g	Cashewkerne
170 g	Weizenmehl
1 gestr. TL	Dr. Oetker Backin
110 g	Zucker
25 g	gehackte Pistazienkerne
125 g	weiche Butter oder Margarine

Für den Rührteig:

170 g	Weizenmehl
2 gestr. TL	Dr. Oetker Backin
1 gestr. TL	gemahlener Anis
1 gestr. TL	gemahlener Ingwer
125 g	weiche Butter oder Margarine
110 g	Zucker
1 gestr. TL	Dr. Oetker Finesse Geriebene Zitronenschale
2	Eier (Größe M)

Zum Bestäuben:
Puderzucker

1. Die Kirschen in einem Sieb abtropfen lassen. Cashewkerne fein hacken. Für die Streusel Mehl mit Backpulver in eine Rührschüssel geben und mit einem Schneebesen verrühren. Zucker, Cashew- und Pistazienkerne und Butter oder Margarine hinzufügen. Die Zutaten mit Handrührgerät mit Rührbesen zu Streuseln von gewünschter Größe verarbeiten. (Je länger man rührt, desto größer die Streusel.)

2. Die Form einfetten. Den Backofen vorheizen.

3. Für den Teig Mehl, Backpulver, Anis und Ingwer in eine Schüssel geben und mit einem Schneebesen verrühren. Butter oder Margarine mit Handrührgerät mit Rührbesen auf höchster Stufe geschmeidig rühren. Nach und nach Zucker und Zitronenschale unterrühren. So lange rühren, bis eine gebundene Masse entstanden ist.

4. Eier nach und nach unterrühren (jedes Ei etwa ½ Minute). Mehlgemisch in 2 Portionen auf mittlerer Stufe unterrühren. Den Teig in die Form füllen und glattstreichen. Kirschen auf dem Teig verteilen. Die Streusel auf die Kirschen streuen. Die Form auf dem Rost in den vorgeheizten Backofen schieben.

Ober-/Unterhitze: etwa 200 °C
Heißluft: etwa 180 °C
Backzeit: etwa 35 Minuten.

5. Die Form auf einen Kuchenrost stellen. Die Tarte erkalten lassen, den Rand der Tarte mit Puderzucker bestäuben.

Tipp: Sollten Sie keine Cashewkerne bekommen, können Sie sie z. B. durch abgezogene, gehackte Mandeln ersetzen. Die gehackten Mandeln in einer Pfanne ohne Fett goldbraun rösten, auf einem Teller abkühlen lassen und dann wie die Cashewkerne verwenden.

Erfrischungstarte mit Mango-Maracuja-Guss

Zubereitungszeit: etwa 12 Minuten
Insgesamt: E: 37 g, F: 99 g, Kh: 404 g, kJ: 11219, kcal: 2679, BE: 33,5

1 Tarteform (Ø 28 cm)

Zutaten:
weiche Butter oder Margarine zum Einfetten

Für den All-in-Teig:

2 Dosen	Mandarinen (je 175 g Abtropfgewicht)
170 g	Weizenmehl
2 gestr. TL	Dr. Oetker Backin
120 g	Zucker
1	Dr. Oetker Vanillin-Zucker
2	Eier (Größe M)
80 ml	Speiseöl
125 ml (1/8 l)	Buttermilch mit Zitronen-Geschmack

Für den Guss:

1 Pck.	Dr. Oetker Tortenguss, klar
2 EL	Zucker
250 ml (1/4 l)	Mango-Maracuja-Nektar

1. Den Boden der Form einfetten. Den Backofen vorheizen.

2. Für den Teig Mandarinen in einem Sieb abtropfen lassen. Mehl und Backpulver in eine Rührschüssel geben und mit einem Schneebesen verrühren. Zucker, Vanillin-Zucker, Eier, Öl und Buttermilch hinzufügen. Die Zutaten mit Handrührgerät mit Rührbesen in etwa 1 Minute zu einem glatten Teig verarbeiten.

3. Teig in die Form füllen und die Mandarinen darauf verteilen. Die Form auf dem Rost in den vorgeheizten Backofen schieben.

Ober-/Unterhitze: etwa 200 °C
Heißluft: etwa 180 °C
Backzeit: 30–35 Minuten.

4. Die Form auf einen Kuchenrost stellen. Die Tarte in der Form erkalten lassen.

5. Aus Tortenguss, Zucker und Nektar nach Packungsanleitung einen Guss zubereiten. Den Guss mit einem Löffel von innen nach außen auf der Tarte verteilen.

Tipp: Anstelle der Buttermilch mit Zitronen-Geschmack können Sie auch Buttermilch pur, ohne Geschmackszusatz verwenden. Oder geben Sie zusätzlich 1 Teelöffel Dr. Oetker Finesse Geriebene Zitronenschale in den Teig.

Zwetschen-Tarte mit Karamell-Pudding

Zubereitungszeit: etwa 25 Minuten, ohne Kühlzeit
Insgesamt: E: 28 g, F: 122 g, Kh: 266 g, kJ: 9789, kcal: 2341, BE: 22,0

1 Tarteform (Ø 28 cm)

Zutaten:
weiche Butter oder Margarine
zum Einfetten

Für den Knetteig:

150 g	Weizenmehl
1 Prise	Salz
2–3 EL	kaltes Wasser
130 g	Butter oder Margarine

Für den Belag:

500 g	Zwetschen
½ Pck.	Dr. Oetker Pudding-Pulver Karamell-Geschmack
250 ml (¼ l)	Milch
2 EL	Zucker

Zum Bestreuen und Bestäuben:

30 g	brauner Rohrzucker
1 TL	gemahlener Zimt
	Puderzucker

1. Für den Teig Mehl und Salz in eine Rührschüssel geben und mit einem Schneebesen verrühren. Wasser und Butter oder Margarine hinzufügen. Die Zutaten mit Handrührgerät mit Knethaken zunächst kurz auf niedrigster, dann auf höchster Stufe gut durcharbeiten.

2. Anschließend auf einer bemehlten Arbeitsfläche zu einem glatten Teig verkneten. Den Teig in Frischhaltefolie wickeln und etwa 1 Stunde kühl stellen.

3. Für den Belag Zwetschen abspülen, abtropfen lassen, entstielen, halbieren und entsteinen. Zwetschenhälften nochmals längs durchschneiden.

4. Pudding-Pulver mit 6 Esslöffeln von der Milch und Zucker verrühren. Restliche Milch in einem Topf zum Kochen bringen, von der Kochstelle nehmen, angerührtes Pudding-Pulver einrühren. Unter Rühren aufkochen lassen. Pudding etwas abkühlen lassen, ab und zu umrühren. Die Tarteform einfetten. Den Backofen vorheizen.

5. Teig und Arbeitsfläche mit Mehl bestäuben. Den Teig zu einer runden Platte (Ø etwa 32 cm) ausrollen, in die Form legen und am Rand andrücken. Eventuell überstehenden Rand abschneiden und auf den Teigboden legen, andrücken. Teigboden mit einer Gabel mehrfach einstechen.

6. Den Pudding auf dem Teigboden verteilen und glattstreichen. Zwetschen dachziegelartig darauf verteilen, dabei leicht in den Pudding drücken. Braunen Zucker und Zimt mischen und auf die Zwetschen streuen. Die Form auf dem Rost in den vorgeheizten Backofen schieben.

Ober-/Unterhitze: etwa 200 °C
Heißluft: etwa 180 °C
Backzeit: etwa 35 Minuten.

7. Die Form auf einen Kuchenrost stellen. Die Tarte warm oder kalt servieren. Vorher mit Puderzucker bestäuben.

Tipp: Anstelle frischer Zwetschen können auch gut abgetropfte Zwetschen aus dem Glas verwendet werden.
Der Pudding schmeckt cremiger, wenn die Milch durch 300 g Schlagsahne ersetzt wird.

Käse-Nuss-Tarte

Zubereitungseit: etwa 45 Minuten, ohne Kühlzeit
Insgesamt: E: 153, F: 316 g, Kh: 493 g, kJ: 22817, kcal: 5452, BE: 40,5

1 Tarteform (Ø 28 cm)

Zutaten:
weiche Butter oder Margarine zum Einfetten

Für den Knetteig:

180 g	Weizenmehl
1 gestr. TL	Dr. Oetker Backin
80 g	Zucker
1 Pck.	Dr. Oetker Vanillin-Zucker
1 Prise	Salz
1	Ei (Größe M)
100 g	Butter oder Margarine

Für den Belag:

75 g	gehackte Walnusskerne
50 g	abgezogene, gemahlene Mandeln
120 g	Nuss-Nougat-Creme
2	Eier (Größe M)
400 g	Magerquark
200 g	Doppelrahm-Frischkäse
120 g	Zucker
1 Pck.	Dr. Oetker Soßenpulver Vanille-Geschmack, zum Kochen

Zum Garnieren:

50 g	Nuss-Nougat-Creme
16	Walnusshälften

1. Für den Teig Mehl und Backpulver in eine Rührschüssel geben und mit einem Schneebesen verrühren. Zucker, Vanillin-Zucker, Salz, Ei und Butter oder Margarine hinzufügen. Die Zutaten mit Handrührgerät mit Rührbesen zunächst kurz auf niedrigster, dann auf höchster Stufe gut durcharbeiten.

2. Anschließend auf der leicht bemehlten Arbeitsfläche mit den Händen zu einem glatten Teig verkneten. Den Teig halbieren, in Frischhaltefolie wickeln und etwa 1 Stunde kühl stellen. Den Boden der Tarteform einfetten. Den Backofen vorheizen.

3. Eine Teighälfte und die Arbeitsfläche mit Mehl bestäuben. Den Teig zu einer runden Platte (Ø etwa 28 cm) ausrollen, auf den Boden der Form legen und mit einer Gabel mehrfach einstechen. Die Form auf dem Rost in den vorgeheizten Backofen schieben.

Ober-/Unterhitze: etwa 200 °C
Heißluft: etwa 180 °C
Backzeit: etwa 10 Minuten.

4. Die Form auf einen Kuchenrost stellen. Vorgebackenen Teig etwas abkühlen lassen.

5. Für den Belag Walnusskerne, Mandeln und Nuss-Nougat-Creme verrühren. Die Eier trennen. Eigelb, Quark, Frischkäse, 100 g des Zuckers und Soßenpulver verrühren.

6. Eiweiß steifschlagen, restlichen Zucker nach und nach einrieseln lassen, dabei so lange weiterschlagen, bis der Eischnee glänzt. Eischnee mit einem Teigschaber in 2 Portionen unter die Quarkmasse heben.

7. Den restlichen Teig zu einer Rolle (etwa 80 cm Länge) formen, auf den Teigboden legen und etwa 2 cm hoch an den Rand der Form drücken.

8. Nacheinander Nuss- und Quarkmasse in die Form füllen und glattstreichen. Die Form auf dem Rost wieder in den Backofen schieben.

Ober-/Unterhitze: etwa 180 °C
Heißluft: etwa 160 °C
Backzeit: 35–40 Minuten.

9. Die Form auf einen Kuchenrost stellen. Den Kuchen in der Form erkalten lassen. Zum Garnieren Nuss-Nougat-Creme in einen Gefrierbeutel füllen, eine Ecke abschneiden und unregelmäßige Linien auf die Tarte spritzen. Mit Walnusskernen garnieren.

Birnen-Heidelbeer-Tarte

Zubereitungszeit: etwa 30 Minuten
Insgesamt: E: 54 g, F: 169 g, Kh: 477 g, kJ: 15394, kcal: 3681, BE: 39,5

1 Tarteform (Ø 28 cm)

Zutaten:
weiche Butter oder Margarine zum Einfetten

Für den Belag:

1 Dose	Birnenhälften (460 g Abtropfgewicht)
100 g	TK-Heidelbeeren

Für den All-in-Teig:

250 g	Weizenmehl
1 EL	Hartweizengrieß (10 g)
2 gestr. TL	Dr. Oetker Backin
170 g	Butter oder Margarine
1 Prise	Salz
120 g	Zucker
1 Pck.	Dr. Oetker Vanillin-Zucker
125 ml (1/8 l)	Buttermilch
3	Eier (Größe M)

3 EL	Aprikosenkonfitüre
1 EL	Wasser

1. Die Form einfetten. Den Backofen vorheizen. Für den Belag die Birnen in einem Sieb abtropfen lassen.

2. Für den Teig Mehl, Grieß und Backpulver in eine Rührschüssel geben und mit einem Schneebesen verrühren. Butter oder Margarine, Salz, Zucker, Vanillin-Zucker, Buttermilch und Eier nacheinander hinzufügen. Die Zutaten mit Handrührgerät mit Rührbesen in 1 Minute zu einem glatten Teig verarbeiten.

3. Die Hälfte des Teiges in die Form füllen und glattstreichen. Tiefgefrorene Heidelbeeren gleichmäßig auf den Teig streuen. Restlichen Teig esslöffelweise darauf verteilen und glattstreichen. Jede Birnenhälfte längs halbieren, die Birnenstücke kreisförmig auf den Teig legen. Die Form auf dem Rost in den vorgeheizten Backofen schieben.

Ober-/Unterhitze: etwa 180 °C
Heißluft: etwa 160 °C
Backzeit: etwa 35 Minuten.

4. Die Form auf einen Kuchenrost stellen. Konfitüre und Wasser in einen kleinen Topf geben, unter Rühren aufkochen lassen und sofort auf den Kuchen streichen (stückige Konfitüre nach dem Aufkochen durch ein Sieb streichen). Tarte in der Form erkalten lassen.

Tipp: Die Birnen können durch die gleiche Menge Pfirsichhälften ersetzt werden.

Käse-Streusel-Tarte

Zubereitungszeit: etwa 30 Minuten
Insgesamt: E: 85 g, F: 143 g, Kh: 282 g, kJ: 12152 g, kcal: 2903, BE: 23,0

1 Tarteform (Ø 28 cm)

Zutaten:
weiche Butter oder Margarine zum Einfetten, Semmelbrösel zum Ausstreuen

Für die Streusel:

50 g	Butter
70 g	Weizenmehl
50 g	abgezogene, gehackte Mandeln
40 g	Zucker

Für die Quarkmasse:

1	Ei (Größe M)
1 Pck.	Dr. Oetker Vanillin-Zucker
120 g	Zucker
200 g	Doppelrahm-Frischkäse
300 g	Magerquark
5 EL	Amaretto (Mandellikör)
30 g	Speisestärke

1. Für die Streusel die Butter in einem kleinen Topf bei schwacher Hitze schmelzen. Etwas abkühlen lassen. Mehl, gehackte Mandeln und Zucker in einer Schüssel mit einem Schneebesen verrühren, lauwarme, flüssige Butter dazugeben. Zutaten mit den Händen zu Streuseln verkneten.

2. Die Tarteform einfetten und mit Semmelbröseln ausstreuen. Den Backofen vorheizen.

3. Für die Quarkmasse das Ei trennen. Eiweiß steifschlagen. Vanillin-Zucker nach und nach einrieseln lassen, dabei so lange weiterschlagen, bis der Eischnee glänzt. Eigelb, Zucker, Frischkäse, Quark, Amaretto und Speisestärke verrühren. Eischnee mit einem Teigschaber unter die Quarkmasse heben. Quarkmasse in die Form füllen und glattstreichen.

4. Streusel auf die Quarkmasse verteilen. Die Form auf dem Rost in den vorgeheizten Backofen schieben.

Ober-/Unterhitze: etwa 200 °C
Heißluft: etwa 180 °C
Backzeit: etwa 35 Minuten.

5. Die Form auf einen Kuchenrost stellen. Die Tarte erkalten lassen.

Tipp: Für eine Tarte ohne Alkohol, ersetzen Sie den Mandellikör durch Mandel- oder Nuss-Sirup, den Sie in gut sortierten Kaffee- oder Likör-Abteilungen im Lebensmittelhandel erhalten. Geben Sie je nach Geschmack 2–3 Esslöffel Sirup in die Quarkmasse und probieren Sie. Rühren Sie anschließend noch 2–3 Esslöffel Milch unter die Quarkmasse.

Aprikosen-Quark-Pie

Zubereitungszeit: etwa 55 Minuten, ohne Kühlzeit
Insgesamt: E: 127 g, F: 185 g, Kh: 437 g, kJ: 16736, kcal: 3998, BE: 36,5

1 Pie- oder Tarteform (Ø 28 cm)

Zutaten:
weiche Butter oder Margarine zum Einfetten

Für den Knetteig:

250 g	Weizenmehl
1 Prise	Salz
3 EL	kaltes Wasser
150 g	Butter oder Margarine

Für die Füllung:

50 g	Löffelbiskuits
50 g	gemahlene Haselnusskerne
500 g	Magerquark
2	Eier (Größe M)
75 g	Zucker
1 Pck.	Dr. Oetker Finesse Geriebene Zitronenschale
2–3 EL	Zitronensaft
3 gestr. EL	Speisestärke
1 Dose	Aprikosenhälften (480 g Abtropfgewicht)

Zum Bestreichen:

4 EL	Kondensmilch

1. Für den Teig Mehl und Salz in eine Rührschüssel geben und mit einem Schneebesen verrühren. Wasser und Butter oder Margarine hinzufügen. Die Zutaten mit Handrührgerät mit Knethaken zunächst kurz auf niedrigster, dann auf höchster Stufe gut durcharbeiten.

2. Anschließend auf der bemehlten Arbeitsfläche zu einem glatten Teig verkneten. Den Teig in Frischhaltefolie wickeln und etwa 1 Stunde kühl stellen.

3. Für die Füllung Löffelbiskuits in einen Gefrierbeutel füllen, Beutel fest verschließen. Löffelbiskuits mit einer Teigrolle zerbröseln. Biskuitbrösel in eine Schüssel geben und mit den Haselnusskernen vermengen.

4. Quark mit Eiern, Zucker, Zitronenschale und -saft und Speisestärke geschmeidig rühren. Aprikosenhälften in einem Sieb abtropfen lassen. Den Boden der Form einfetten. Den Backofen vorheizen.

5. Gut die Hälfte des Teiges auf der bemehlten Arbeitsfläche zu einer runden Platte (Ø etwa 34 cm) ausrollen. Die Pie- oder Tarteform damit auslegen. Das Löffelbiskuit-Haselnuss-Gemisch auf dem Teig verteilen. Die Aprikosenhälften mit der Schnittfläche nach unten darauflegen. Quarkmasse daraufgeben und glattstreichen. Überstehenden Teigrand auf die Füllung legen und mit Kondensmilch bestreichen.

6. Restlichen Teig zu einer runden Platte (Ø 28 cm) ausrollen. Teigplatte auf die Füllung legen und Rand andrücken.

7. Die Teigoberfläche mit Kondensmilch bestreichen und mehrmals mit einer Gabel einstechen. Die Form auf dem Rost in den vorgeheizten Backofen schieben.

Ober-/Unterhitze: etwa 200 °C
Heißluft: etwa 180 °C
Backzeit: 45–50 Minuten.

8. Die Form auf einen Kuchenrost stellen und abkühlen lassen. Die Pie warm oder kalt servieren. Dazu passt steifgeschlagene Schlagsahne.

Tipp: Damit der ausgerollte Teig nicht bricht, einen Bogen Backpapier unter die Teigplatte ziehen. Den Teig mit Hilfe des Backpapiers aufrollen und über der leeren Form oder der Füllung wieder abrollen.

Zitrus-Pie

Zubereitungszeit: etwa 50 Minuten, ohne Kühlzeit
Insgesamt: E: 46 g, F: 198 g, Kh: 602 g, kJ: 18646, kcal: 4457, BE: 50,0

1 Pie- oder Tarteform (Ø 28 cm)

Zutaten:
weiche Butter oder Margarine zum Einfetten

Für den Knetteig:

200 g	Weizenmehl
1 Msp.	Dr. Oetker Backin
75 g	Zucker
1 Pck.	Dr. Oetker Vanillin-Zucker
1 Prise	Salz
120 g	Butter oder Margarine

Für den Belag:

30 g	Cornflakes
1 EL	abgezogene, gemahlene Mandeln
2	rosa Grapefruits oder 4 Blutorangen (etwa 700 g)
30 g	Speisestärke
50 ml	Zitronensaft
120 g	Zucker
100 g	Butter

Für die Baiserhaube:

4	Eiweiß (Größe M)
150 g	Zucker
2 TL	Zitronensaft

1. Für den Knetteig alle Zutaten so verarbeiten wie bei der Sauerkirsch-Pie auf Seite 41 beschrieben. Den Boden der Form einfetten.

2. Zwei Drittel des Teiges auf der bemehlten Arbeitsfläche zu einer runden Platte (Ø 28 cm) ausrollen und auf den Boden der Form legen. Den restlichen Teig zu einer Rolle (etwa 80 cm Länge) formen. Die Rolle auf den Teigboden legen und so an den Rand der Form drücken, dass ein 2 cm hoher Rand entsteht. Den Teigboden mehrmals mit einer Gabel einstechen.

3. Für den Belag Cornflakes in einen Gefrierbeutel geben. Beutel fest verschließen. Cornflakes mit der Teigrolle zerbröseln. Cornflakes-Brösel mit den Mandeln mischen und auf den Teigboden streuen. Kühl stellen. Den Backofen vorheizen.

4. Grapefruits oder Orangen mit einem scharfen Messer so schälen, dass auch die weiße Haut ganz entfernt wird. Die Früchte filetieren, dabei den Saft auffangen. 200 ml Saft abmessen. Speisestärke mit etwas von dem aufgefangenen Saft anrühren. Restlichen Saft in einem kleinen Topf mit Zitronensaft und Zucker zum Kochen bringen. Topf von der Kochstelle nehmen, angerührte Speisestärke unter Rühren in den Topf geben, kurz aufkochen lassen. Butter dazugeben und unter Rühren darin schmelzen.

5. Die Fruchtfilets auf dem Teigboden verteilen und mit dem angedickten Saft bedecken. Die Form auf dem Rost in den vorgeheizten Backofen schieben.

Ober-/Unterhitze: etwa 200 °C
Heißluft: etwa 180 °C
Backzeit: etwa 30 Minuten.

6. Die Form auf einen Kuchenrost stellen. Die Pie etwas abkühlen lassen.

7. Für die Baiserhaube Eiweiß steifschlagen. Der Schnee muss so fest sein, dass ein Messerschnitt sichtbar bleibt. Nach und nach Zucker und Zitronensaft unter den Eischnee schlagen, so lange weiterschlagen, bis der Eischnee glänzt. Baisermasse mit einem Esslöffel wellenförmig auf die Fruchtfüllung geben, in der Mitte etwas höher als am Rand. Die Form wieder auf dem Rost in den Backofen schieben.

Ober-/Unterhitze: etwa 220 °C
Heißluft: etwa 200 °C
Backzeit: 8–10 Minuten.

8. Die Form auf einen Kuchenrost stellen. Pie etwas abkühlen lassen. Warm oder kalt servieren.

Sauerkirsch-Pie

1 Pie- oder Tarteform (Ø 28 cm)

Zutaten:
weiche Butter oder Margarine
zum Einfetten

Für den Knetteig:

250 g	Weizenmehl
1 Prise	Salz
1 gestr. EL	Zucker
1 Pck.	Dr. Oetker Vanillin-Zucker
2 EL	kaltes Wasser
175 g	Butter oder Margarine

Für die Füllung:

75 g	Löffelbiskuits
75 g	abgezogene, gemahlene Mandeln
500 g	Sauerkirschen

Zum Bestreichen und Bestreuen:

2 EL	Wasser
2 EL	Zimtzucker

Zubereitungszeit: etwa 85 Minuten, ohne Kühlzeit
Insgesamt: E: 53 g, F: 201 g, Kh: 338 g, kJ: 14282, kcal: 3412, BE: 28,0

1. Für den Teig Mehl und Salz in eine Rührschüssel geben und mit einem Schneebesen verrühren. Zucker, Vanillin-Zucker, Wasser und Butter hinzufügen.

2. Die Zutaten mit Handrührgerät mit Knethaken zunächst kurz auf niedrigster, dann auf höchster Stufe gut durcharbeiten, anschließend auf der bemehlten Arbeitsfläche zu einem glatten Teig verkneten. Den Teig in Frischhaltefolie wickeln und etwa 1 Stunde kühl stellen.

3. Für die Füllung Löffelbiskuits in einen Gefrierbeutel geben, den Beutel verschließen. Die Biskuits mit der Teigrolle fein zerbröseln. Biskuitbrösel und gemahlene Mandeln mischen.

4. Kirschen abspülen, abtropfen lassen, entstielen und entsteinen. Den Boden der Pie- oder Tarteform einfetten. Den Backofen vorheizen.

5. Zwei Drittel des Teiges zu einer Platte (Ø 32 cm) ausrollen, die Form damit auslegen. Den Teig am Rand leicht andrücken. Den Teigboden mit einer Gabel mehrfach einstechen. Das Biskuit-Mandel-Gemisch in die Form füllen und glattstreichen, Sauerkirschen darauf verteilen. Überstehenden Teigrand auf die Füllung legen und mit Wasser bestreichen.

6. Den übrigen Teig zu einer runden Platte in Größe der Form ausrollen. Mit einer Ausstechform in der Mitte ein Loch (Ø etwa 2 cm) ausstechen, damit beim Backen entstehender Dampf entweichen kann. Die Teigplatte auf die Füllung legen und am Rand andrücken.

7. Die Teigdecke mit Wasser bestreichen, mehrmals mit einer Gabel einstechen und mit Zimtzucker bestreuen. Die Form auf dem Rost in den vorgeheizten Backofen schieben.

Ober-/Unterhitze: etwa 200 °C
Heißluft: etwa 180 °C
Backzeit: etwa 45 Minuten.

8. Die Form auf einen Kuchenrost stellen. Die Pie in der Form erkalten lassen.

Rhabarber-Pie

1 Pie- oder Tarteform (Ø 28 cm)

Zutaten:
weiche Butter oder Margarine
zum Einfetten

Für den Belag:

500 g	Rhabarber

Für den Rührteig:

125 g	Weizenmehl
1 TL	Dr. Oetker Backin
100 g	abgezogene, gemahlene Mandeln
125 g	weiche Butter oder Margarine
75 g	Zucker
1 Pck.	Dr. Oetker Vanillin-Zucker
½ Pck.	Dr. Oetker Finesse Geriebene Zitronenschale
1 Prise	Salz
2	Eier (Größe M)

Für den Guss:

2	Eiweiß (Größe M)
2	Eigelb (Größe M)
75 g	Zucker
½ TL	gemahlener Zimt
150 g	Crème fraîche

Zum Bestäuben:
Puderzucker

Zubereitungszeit: etwa 45 Minuten, ohne Kühlzeit
Insgesamt: E: 66 g, F: 234 g, Kh: 275 g, kJ: 14594, kcal: 3491, BE: 22,5

1. Die Form einfetten. Den Backofen vorheizen. Für den Belag Rhabarber waschen, Stielenden und Blattansätze entfernen, Stangen in etwa 2 cm lange Stücke schneiden.

2. Für den Teig Mehl, Backpulver und Mandeln in eine Schüssel geben und mit einem Schneebesen verrühren. Butter oder Margarine in eine Rührschüssel geben und mit Handrührgerät mit Rührbesen auf höchster Stufe geschmeidig rühren. Nach und nach Zucker, Vanillin-Zucker, Zitronenschale und Salz unterrühren. So lange rühren, bis eine gebundene Masse entstanden ist.

3. Eier nacheinander (jeweils etwa ½ Minute) unterrühren. Mehl-Mandel-Gemisch in 2 Portionen auf mittlerer Stufe unterrühren. Den Teig in die Form füllen, glattstreichen, am Rand etwas hochziehen. Rhabarberstücke auf dem Teig verteilen. Die Form auf dem Rost in den vorgeheizten Backofen schieben.

Ober-/Unterhitze: etwa 180 °C
Heißluft: etwa 160 °C
Backzeit: etwa 30 Minuten.

4. Die Form auf einen Kuchenrost stellen.

5. Für den Guss Eiweiß steifschlagen. Eigelb mit Zucker zu einer hellen Creme aufschlagen. Zimt und Crème fraîche unterrühren. Eischnee mit einem Teigschaber unter die Eigelbmasse heben. Die Masse auf den Rhabarberstücken verteilen. Die Form wieder auf dem Rost in den Backofen schieben und **bei gleicher Backofeneinstellung in etwa 20 Minuten fertig backen**.

6. Die Form auf einen Kuchenrost stellen. Rhabarber-Pie lauwarm servieren, vor dem Servieren mit Puderzucker bestäuben.

Beeren-Pie

Zubereitungszeit: etwa 50 Minuten, ohne Kühlzeit
Insgesamt: E: 42 g, F: 138 g, Kh: 413 g, kJ: 13110, kcal: 3133, BE: 34,5

1 Pie- oder Tarteform (Ø 28 cm)

Zutaten:

Für den Knetteig:

3 EL	Puderzucker
250 g	Weizenmehl
150 g	Butter
1	Eiweiß (Größe M)
1–2 EL	kaltes Wasser

Für die Füllung:

750 g	gemischte Beeren, z. B. Himbeeren, Brombeeren, Heidelbeeren
150 g	Zucker

Zum Bestreichen:

1	Eigelb (Größe M)
1 EL	Wasser

1. Für den Teig Puderzucker in eine Rührschüssel sieben, Mehl dazugeben und mit einem Schneebesen verrühren. Butter, Eiweiß und Wasser hinzufügen. Die Zutaten mit Handrührgerät mit Knethaken zunächst kurz auf niedrigster, dann auf höchster Stufe gut durcharbeiten.

2. Anschließend auf der bemehlten Arbeitsfläche zu einem glatten Teig verkneten. Den Teig in Frischhaltefolie wickeln und etwa 1 Stunde kühl stellen.

3. Für die Füllung die Beeren verlesen, bis auf die Himbeeren, abspülen und in einem Sieb abtropfen lassen. Den Backofen vorheizen.

4. Ein Drittel des Teiges auf der bemehlten Arbeitsfläche zu einer Rolle (etwa 80 cm Länge) formen, die Rolle in die Form legen und mit den Fingern an den Rand drücken. Die Beeren in die Form füllen und mit Zucker bestreuen. Eigelb und Wasser verquirlen. Die Teigkante damit bestreichen.

5. Den restlichen Teig auf der bemehlten Arbeitsfläche zu einer runden Platte (Ø 32 cm) ausrollen. Mit einer Ausstechform in der Teigmitte ein etwa 2 cm großes Loch ausstechen. So kann beim Backen der Dampf entweichen.

6. Den Teigdeckel über die Beeren legen, am Rand andrücken. Überstehenden Teig abschneiden und zusammenkneten. Nach Belieben mehrere kleine Blüten ausstechen und auf den Teigdeckel legen.

7. Restliches Eigelb auf den Teigdeckel und die Teigblüten streichen. Die Form auf dem Rost in den vorgeheizten Backofen schieben.

Ober-/Unterhitze: etwa 200 °C
Heißluft: etwa 180 °C
Backzeit: etwa 25 Minuten.

8. Die Pie 10 Minuten im ausgeschalteten Ofen ruhen lassen, heiß servieren.

Stachelbeer-Pie

1 Pie- oder Tarteform (Ø 28 cm)

Zutaten:
weiche Butter oder Margarine zum Einfetten

Für den Knetteig:

350 g	Weizenmehl
1 Prise	Salz
50 g	Zucker
3 EL	kaltes Wasser
180 g	Butter oder Margarine

Für die Füllung:

2 Gläser	Stachelbeeren (je 390 g Abtropfgewicht)
20 g	Speisestärke

Für die Mandel-Zucker-Masse:

50 g	Butter
30 g	Zucker
100 g	gehobelte Mandeln

Zum Bestreichen und Bestreuen:

1 EL	Wasser
1 EL	Zucker

Zubereitungszeit: etwa 50 Minuten, ohne Kühlzeit
Insgesamt: E: 62 g, F: 254 g, Kh: 537 g, kJ: 19930, kcal: 4760, BE: 44,5

1. Für den Teig Mehl und Salz in eine Rührschüssel geben, mit einem Schneebesen verrühren. Zucker, Wasser und Butter oder Margarine hinzufügen. Die Zutaten mit Handrührgerät mit Knethaken zunächst kurz auf niedrigster, dann auf höchster Stufe gut durcharbeiten.

2. Anschließend auf der bemehlten Arbeitsfläche zu einem glatten Teig verkneten. Den Teig in 3 gleiche Portionen teilen, in Frischhaltefolie wickeln und etwa 1 Stunde kühl stellen.

3. Stachelbeeren in einem Sieb abtropfen lassen, dabei den Saft auffangen. Für die Mandel-Zucker-Masse Butter in einer Pfanne zerlassen. Zucker und Mandeln hinzufügen und unter Rühren goldbraun rösten. Masse abkühlen lassen. Den Boden der Pie- oder Tarteform einfetten. Den Backofen vorheizen.

4. 1 Portion Teig auf der bemehlten Arbeitsfläche zu einer runden Platte (Ø etwa 28 cm) ausrollen und in die Form legen. Die 2. Portion Teig zu einer Rolle (etwa 80 cm Länge) formen, die Rolle auf den Teigboden legen und mit den Fingern an den Rand der Form drücken, Teig etwa ½ cm überstehen lassen. Die Mandel-Zucker-Masse auf dem Teigboden verteilen.

5. Vom aufgefangenen Stachelbeersaft 250 ml (¼ l) abmessen. 3 Esslöffel davon mit der Speisestärke verrühren, den Rest in einem kleinen Topf aufkochen. Angerührte Speisestärke einrühren und unter Rühren aufkochen lassen. Topf von der Kochstelle nehmen. Stachelbeeren unter den angedickten Saft heben. Die Stachelbeermasse auf der Mandel-Zucker-Masse verteilen, glattstreichen. Überstehenden Teigrand auf die Füllung legen.

6. Den restlichen Teig zu einer runden Platte (Ø etwa 28 cm) ausrollen und auf die Stachelbeermasse legen. Den Teig am Rand andrücken. Die Teigdecke mehrmals mit einer Gabel einstechen, mit Wasser bestreichen und mit Zucker bestreuen. Die Form auf dem Rost in den vorgeheizten Backofen schieben.

Ober-/Unterhitze: etwa 200 °C
Heißluft: etwa 180 °C
Backzeit: 30–40 Minuten.

7. Die Form auf einen Kuchenrost stellen. Die Pie etwas abkühlen lassen. Warm oder kalt servieren.

Tipp: Dazu passt halbsteifgeschlagene Schlagsahne.

Apfel-Pie

Zubereitungszeit: etwa 45 Minuten, ohne Kühlzeit
Insgesamt: E: 62 g, F: 254 g, Kh: 465 g, kJ: 18507, kcal: 4432, BE: 38,5

1 Pie- oder Tarteform (Ø 28 cm)

Zutaten:
weiche Butter oder Margarine zum Einfetten

Für den Knetteig:

275 g	Weizenmehl
1 gestr. TL	Dr. Oetker Backin
60 g	Zucker
1 Pck.	Dr. Oetker Vanillin-Zucker
1 Prise	Salz
1	Eiweiß (Größe M)
175 g	Butter oder Margarine
75 g	Crème fraîche

Für die Füllung:

1,2 kg	Äpfel, z. B. Boskop oder Elstar
2 EL	Zucker
1/2 TL	gemahlener Zimt
3 EL	abgezogene, gemahlene Mandeln
2 EL	Semmelbrösel

Zum Bestreichen:

1 EL	Wasser
75 g	Crème fraîche
1	Eigelb (Größe M)
1 EL	Zimt-Zucker-Gemisch
40 g	gestiftelte Mandeln

1. Für den Teig Mehl und Backpulver in eine Rührschüssel geben und mit einem Schneebesen verrühren. Zucker, Vanillin-Zucker, Salz, Eiweiß, Butter oder Margarine und Crème fraîche hinzufügen. Die Zutaten mit Handrührgerät mit Knethaken zunächst kurz auf niedrigster, dann auf höchster Stufe gut durcharbeiten. Anschließend auf der bemehlten Arbeitsfläche zu einem glatten Teig verkneten. Den Teig in Frischhaltefolie wickeln und etwa 1 Stunde kühl stellen.

2. Für die Füllung die Äpfel abspülen, schälen, vierteln und die Kerngehäuse herausschneiden. Die Viertel in Scheiben schneiden und mit Zucker und Zimt vermengen. Die Form einfetten. Den Backofen vorheizen.

3. Zwei Drittel des Teiges auf der bemehlten Arbeitsfläche zu einer runden Platte (Ø 34 cm) ausrollen. Den Teig in die Form legen und am Rand andrücken. Mandeln mit Semmelbröseln mischen und auf den Teigboden streuen. Die Apfelscheiben darauf verteilen, überstehenden Teigrand auf die Apfelscheiben legen und mit Wasser bestreichen.

4. Den restlichen Teig zu einer runden Platte in Größe der Form ausrollen. Die Teigplatte auflegen und am Rand andrücken. Die Teigoberfläche mehrmals mit einer Gabel einstechen. Die Form auf dem Rost in den vorgeheizten Backofen schieben.

Ober-/Unterhitze: etwa 200 °C
Heißluft: etwa 180 °C
Backzeit: etwa 50 Minuten.

5. Zum Bestreichen nach 20 Minuten Backzeit die Crème fraîche mit dem Eigelb verrühren, auf die Teigdecke streichen und mit Zimt-Zucker und Mandeln bestreuen. Wieder in den Backofen schieben. Die Pie lauwarm servieren.

Tipps: Säuerliche Äpfel sind zum Backen besser geeignet als süße. Fragen Sie auch auf dem Markt nach Äpfeln zum Backen. Alte, namenlose Sorten schmecken oft besonders gut.

Lemon-Pie nach Shaker Art

1 Pie- oder Tarteform (Ø 28 cm)

Zutaten:
weiche Butter oder Margarine zum Einfetten

Für die Füllung:

2 mittelgroße	reife Bio-Zitronen (unbehandelt, ungewachst, 200 g)
250 g	Zucker
3	Eier (Größe M)
20 g	Butter

Für den Knetteig:

250 g	Weizenmehl
½ TL	Dr. Oetker Backin
1 Prise	Salz
120 g	Zucker
1 Pck.	Dr. Oetker Vanillin-Zucker
1	Eigelb (Größe M)
200 g	Butter

Zum Bestreichen:

20 g	Butter

Zum Bestäuben:
Puderzucker

Zubereitungszeit: etwa 45 Minuten, ohne Saftzieh- und Kühlzeit
Insgesamt: E: 53, F: 232, Kh: 598, KJ: 19869, kcal: 4748, BE: 50,0

1. Für die Füllung die Zitronen heiß abwaschen, abtrocknen, längs vierteln, Spitzen und Stängelansätze großzügig abschneiden. Die Zitronen in hauchdünne Scheiben schneiden und entkernen. Zitronenscheiben in eine Schüssel geben und mit Zucker mischen. Zugedeckt mindestens 6 Stunden Saft ziehen lassen.

2. Zitronenscheiben umrühren, in ein Sieb schütten und abtropfen lassen, dabei den Saft auffangen, 180 ml Saft abmessen.

3. Für den Teig Mehl und Backpulver in eine Rührschüssel geben und mit einem Schneebesen verrühren. Übrige Zutaten hinzufügen und mit Handrührgerät mit Knethaken kurz auf niedrigster, dann auf höchster Stufe gut durcharbeiten.

4. Anschließend auf der bemehlten Arbeitsfläche zu einem glatten Teig verkneten. Den Teig in Frischhaltefolie wickeln und etwa 1 Stunde kühl stellen. Den Boden der Form einfetten. Die Butter zum Bestreichen zerlassen.

5. Zwei Drittel des Teiges auf der bemehlten Arbeitsfläche zu einer runden Platte (Ø 34 cm) ausrollen. Den Teig in die Form legen und am Rand der Form andrücken. Den Teigboden mit einer Gabel mehrfach einstechen und mit der geschmolzenen Butter bestreichen. Den Backofen vorheizen.

6. Die abgetropften Zitronenscheiben auf dem Teigboden verteilen. Aufgefangenen Saft (180 ml) mit Eiern kurz verschlagen und auf den Zitronenscheiben verteilen. Butter in Flöckchen daraufgeben. Überstehenden Teigrand auf die Füllung legen.

7. Restlichen Teig auf der bemehlten Arbeitsfläche zu einer runden Platte (Ø etwa 28 cm) ausrollen, auf die Füllung legen und am Rand andrücken. Mit einem Messer mehrere kleine Schlitze in den Teigdeckel ritzen. Die Form auf dem Rost auf der untersten Einschubleiste in den vorgeheizten Backofen schieben.

Ober-/Unterhitze: etwa 200 °C
Heißluft: etwa 180 °C
Backzeit: 40–45 Minuten.

8. Die Form auf einen Kuchenrost stellen. Die Pie in der Form erkalten lassen. Vor dem Servieren mit Puderzucker bestäuben.

Tipps: Den Teig zwischen zwei Lagen Backpapier ausrollen. Die Teigplatte mit Hilfe des unteren Backpapiers aufrollen und über der Form wieder abrollen.
Sie können anstelle von 2 Zitronen auch eine Zitrone und eine kleine Bio-Orange verwenden. Am besten schmecken reife Früchte mit dünner Schale. Besonders gut schmeckt die Pie lauwarm mit kalter Crème fraîche.

Trauben-Wähe

Zubereitungszeit: etwa 30 Minuten, ohne Teiggehzeit
Insgesamt: E: 36 g, F: 90 g, Kh: 350 g, kJ: 10059, kcal: 2401, BE: 29,0

1 Wähen- oder Tarteform (Ø 28 cm)

Zutaten:
weiche Butter oder Margarine
zum Einfetten

Für den Hefeteig:

200 g	Weizenmehl
2 gestr. TL	Dr. Oetker Trockenbackhefe
50 g	Zucker
1 Pck.	Dr. Oetker Vanillin-Zucker
100 ml	lauwarme Milch
50 g	weiche Butter oder Margarine

Für den Belag:

je 250 g	grüne und blaue Weintrauben

Für den Guss:

100 g	Schlagsahne
1	Eigelb (Größe M)
1 Pck.	Dr. Oetker Soßenpulver Vanille-Geschmack, ohne Kochen
1 EL	Zucker

1. Für den Teig Mehl, Trockenbackhefe, Zucker und Vanillin-Zucker in eine Rührschüssel geben und mit einem Schneebesen verrühren.

2. Milch und Butter oder Margarine hinzufügen. Die Zutaten mit Handrührgerät mit Knethaken erst auf niedrigster, dann auf höchster Stufe in etwa 5 Minuten zu einem glatten Teig verarbeiten.

3. Den Teig zugedeckt so lange an einem warmen Ort gehen lassen, bis er sich sichtbar vergrößert hat (etwa 20 Minuten).

4. Für den Belag Weintrauben abspülen, trockentupfen, halbieren und entkernen. Die Wähen- oder Tarteform einfetten.

5. Den Teig und die Arbeitsfläche mit Mehl bestäuben. Den Teig auf der Arbeitsfläche kurz kneten und zu einer runden Platte (Ø etwa 34 cm) ausrollen. Den Teig in die Form legen und am Rand leicht andrücken. Trauben auf dem Teig verteilen. Den Teig zugedeckt so lange an einem warmen Ort gehen lassen, bis er sich sichtbar vergrößert hat (etwa 20 Minuten). Den Backofen vorheizen.

6. Für den Guss Sahne mit Eigelb, Soßenpulver und Zucker verrühren. Guss über die Trauben gießen. Die Form auf dem Rost in den vorgeheizten Backofen schieben.

Ober-/Unterhitze: etwa 200 °C
Heißluft: etwa 180 °C
Backzeit: etwa 30 Minuten.

7. Die Form auf einen Kuchenrost stellen. Den Trauben-Wähe in der Form erkalten lassen.

Sauerkirsch-Wähe

Zubereitungszeit: etwa 55 Minuten, ohne Kühlzeit
Insgesamt: E: 63 g, F: 206 g, Kh: 395 g, kJ: 15565, kcal 3729, BE: 33,0

1 Wähen- oder Tarteform (Ø 28 cm)

Zutaten:
weiche Butter oder Margarine zum Einfetten

Für den Knetteig:

200 g	Weizenmehl
50 g	Zucker
1 Prise	Salz
1	Ei (Größe M)
100 g	Butter oder Margarine

Zum Bestreuen und Belegen:

1 EL	Semmelbrösel
1 Glas	Sauerkirschen (370 g Abtropfgewicht)

Für den Guss:

3	Eier (Größe M)
75 g	Zucker
1 Pck.	Dr. Oetker Vanillin-Zucker
2 TL	Dr. Oetker Finesse Geriebene Zitronenschale
300 g	Crème fraîche

1. Für den Teig Mehl in eine Rührschüssel geben. Zucker, Salz, Ei und Butter oder Margarine hinzufügen. Die Zutaten mit Handrührgerät mit Rührbesen zunächst kurz auf niedrigster, dann auf höchster Stufe gut durcharbeiten.

2. Anschließend auf einer bemehlten Arbeitsfläche zu einem glatten Teig verkneten. Den Teig in Frischhaltefolie wickeln und etwa 1 Stunde kühl stellen. Den Boden der Form einfetten. Den Backofen vorheizen.

3. Zwei Drittel des Teiges auf der bemehlten Arbeitsfläche zu einer runden Platte (Ø etwa 28 cm) ausrollen, auf den Boden der Form legen und mit einer Gabel mehrmals einstechen. Die Form auf dem Rost in den vorgeheizten Backofen schieben und den Boden vorbacken.

Ober-/Unterhitze: etwa 180 °C
Heißluft: etwa 160 °C
Backzeit: etwa 15 Minuten.

4. Die Form auf einen Kuchenrost stellen. Den vorgebackenen Boden etwas abkühlen lassen. Restlichen Teig auf der bemehlten Arbeitsfläche zu einer Rolle (etwa 80 cm Länge) formen. Die Rolle auf den vorgebackenen Boden legen und so an den Rand der Form drücken, dass ein etwa 2 cm hoher Teigrand entsteht. Den vorgebackenen Boden mit Semmelbröseln bestreuen und mit Kirschen belegen.

5. Für den Guss Eier mit Zucker, Vanillin-Zucker, Zitronenschale und Crème fraîche verrühren. Den Guss über die Kirschen geben.

6. Die Form wieder auf dem Rost in den Backofen schieben und den Kuchen **bei gleicher Backofeneinstellung in etwa 30 Minuten fertig backen**.

7. Die Form auf einen Kuchenrost stellen. Die Wähe etwas abkühlen lassen und lauwarm servieren.

Aprikosen-Wähe mit Marzipanguss

Zubereitungszeit: etwa 35 Minuten
Insgesamt: E: 115 g, F: 221 g, Kh: 478 g, kJ: 18472, kcal: 4412, BE: 39,5

1 Wähen- oder Tarteform (Ø 28 cm)

Zutaten:
weiche Butter oder Margarine zum Einfetten

Für den Belag:

1 Dose	Aprikosenhälften (480 g Abtropfgewicht)
2 EL	abgezogene, gemahlene Mandeln

Für den Quark-Öl-Teig:

300 g	Weizenmehl
1 Pck.	Dr. Oetker Backin
150 g	Magerquark
75 g	Zucker
6 EL	Milch
6 EL	Speiseöl
1 Prise	Salz

Für den Guss:

100 g	Marzipan-Rohmasse
250 g	Schmand (Sauerrahm, 24 % Fett)
4	Eier (Größe M)
2 EL	Speisestärke
1 Pck.	Dr. Oetker Bourbon-Vanille-Aroma

Zum Bestreuen:

2 EL	abgezogene, gehobelte Mandeln

Zum Bestäuben und Garnieren:

etwas	Puderzucker
	Zitronenmelisse

1. Für den Belag die Aprikosen in einem Sieb abtropfen lassen. Die Form einfetten. Den Backofen vorheizen.

2. Für den Teig Mehl und Backpulver in eine Rührschüssel geben und mit einem Schneebesen verrühren. Quark, Zucker, Milch, Öl und Salz hinzufügen.

3. Die Zutaten mit Handrührgerät mit Knethaken auf höchster Stufe in etwa 1 Minute verarbeiten. Anschließend auf der bemehlten Arbeitsfläche zu einer Rolle formen. Den Teig zu einer runden Platte (Ø 32 cm) ausrollen, in die Form legen, leicht andrücken und überstehenden Rand abschneiden.

4. Die gemahlenen Mandeln auf den Teigboden streuen. Aprikosenhälften darauf verteilen.

5. Für den Guss Marzipan-Rohmasse klein schneiden und in eine Schüssel geben. Schmand, Eier, Speisestärke und Vanille-Aroma hinzufügen und pürieren. Marzipanguss auf den Aprikosen verteilen und mit gehobelten Mandeln bestreuen.

6. Die Form auf dem Rost in den vorgeheizten Backofen schieben.

Ober-/Unterhitze: etwa 200 °C
Heißluft: etwa 180 °C
Backzeit: etwa 30 Minuten.

7. Die Form auf einen Kuchenrost stellen. Die Wähe lauwarm oder kalt als Dessert servieren. Vorher mit Puderzucker bestäuben und mit Zitronenmelisse garnieren.

Zwetschen-Wähe

1 Wähen- oder Tarteform (Ø 28 cm)

Zutaten:
weiche Butter oder Margarine
zum Einfetten

Für den Rührteig:

150 g	Weizenmehl
1 gestr. TL	Backpulver
100 g	Butter oder Margarine
100 g	Zucker
1 Pck.	Dr. Oetker Vanillin-Zucker
1 Prise	Salz
2	Eier (Größe M)

Für den Belag:

1,25 kg	Zwetschen

Für den Guss:

20 g	Speisestärke
100 g	Zucker
1 Pck.	Dr. Oetker Vanillin-Zucker
2	Eier (Größe M)
200 g	Schlagsahne

Zum Bestäuben:
Puderzucker

Zubereitungszeit: etwa 65 Minuten
Insgesamt: E: 54 g, F: 176 g, Kh: 459 g, kJ: 15622, kcal: 3737, BE: 38,5

1. Für den Teig Mehl und Backpulver in eine Schüssel geben, mit einem Schneebesen verrühren. Butter oder Margarine mit Handrührgerät mit Rührbesen auf höchster Stufe geschmeidig rühren. Nach und nach Zucker, Vanillin-Zucker und Salz hinzufügen und so lange rühren, bis eine gebundene Masse entstanden ist.

2. Eier nach und nach unterrühren (jedes Ei etwa ½ Minute). Mehlgemisch in 2 Portionen auf mittlerer Stufe unterrühren.

3. Die Form einfetten. Den Teig einfüllen und glattstreichen. Den Backofen vorheizen.

4. Für den Belag die Zwetschen abspülen, abtropfen lassen, trockentupfen, halbieren, entsteinen und an der schmale Spitze etwas einschneiden. Zwetschen mit der Innenseite nach oben auf den Teig legen. Die Form auf dem Rost in den vorgeheizten Backofen schieben.

Ober-/Unterhitze: etwa 180 °C
Heißluft: etwa 160 ° C
Backzeit: etwa 25 Minuten, weitere 15–20 Minuten mit Guss.

5. Für den Guss Speisestärke mit Zucker, Vanillin-Zucker, Eiern und Sahne verrühren. Den Guss über die Zwetschen verteilen. Die Form wieder in den Backofen schieben. Die Wähe **bei gleicher Backofeneinstellung weitere 15–20 Minuten fertig backen**.

6. Die Form auf einen Kuchenrost stellen. Die Wähe warm oder kalt servieren. Vorher am Rand mit Puderzucker bestäuben.

Tipp: Heimische Zwetschen kommen im Sommer meistens etwas später auf den Markt als Pflaumen. Sie können die Wähe auch mit Pflaumen, Renekloden und Mirabellen zubereiten.

Apfel-Wähe

1 Wähen- oder Tarteform (Ø 28 cm)

Zutaten:
weiche Butter oder Margarine zum Einfetten

Für den Knetteig:

200 g	Weizenmehl
1 gestr. TL	Dr. Oetker Backin
25 g	Zucker
1/2 Pck.	Dr. Oetker Bourbon-Vanille-Zucker
1 Prise	Salz
100 g	Butter

Für den Belag:

etwa 900 g	mürbe, säuerliche Äpfel, z. B. Boskop

Für den Guss:

15 g	Speisestärke
2	Eier (Größe M)
1/2 Pck.	Dr. Oetker Bourbon-Vanille-Zucker
1 Msp.	gemahlener Zimt
200 g	Schlagsahne

Zubereitungszeit: etwa 30 Minuten, ohne Kühlzeit
Insgesamt: E: 41 g, F: 166 g, Kh: 282 g, kJ: 11833, kcal: 2831, BE: 23,5

1. Für den Teig Mehl und Backpulver in eine Rührschüssel geben und mit einem Schneebesen verrühren. Zucker, Vanille-Zucker, Salz und Butter hinzufügen.

2. Die Zutaten mit Handrührgerät mit Knethaken zunächst kurz auf niedrigster, dann auf höchster Stufe gut durcharbeiten. Anschließend auf der Arbeitsfläche zu einem glatten Teig verkneten. Den Teig in Frischhaltefolie wickeln und etwa 1 Stunde kühl stellen.

3. Für den Belag Äpfel abspülen, schälen, vierteln und die Kerngehäuse entfernen. Die Viertel der Länge nach in Spalten schneiden. Den Boden der Wähen- oder Tarteform einfetten. Den Backofen vorheizen.

4. Den Teig und die Arbeitsfläche mit Mehl bestäuben. Den Teig zu einer runden Platte (Ø 34 cm) ausrollen. Den Teig in die Form legen und am Rand leicht andrücken. Den Teigboden mit einer Gabel mehrfach einstechen. Die Apfelspalten dachziegelartig im Kreis auf den Teig legen. Die Form auf dem Rost in den vorgeheizten Backofen schieben.

Ober-/Unterhitze: etwa 180 °C
Heißluft: etwa 160 °C
Backzeit: etwa 20 Minuten.

5. Für den Guss alle Zutaten gut verrühren. Den Guss über die Apfelspalten gießen. Die Wähe **bei gleicher Backofeneinstellung weitere etwa 25 Minuten fertig backen**.

6. Die Apfelwähe warm servieren.

Tipp: Kurz aufgeschlagene Sahne oder Vanille- oder Nusseis dazu servieren.

Kapitelregister

Tartes

Pies

Wähen

Abkürzungen

EL = Esslöffel
TL = Teelöffel
Msp. = Messerspitze
Pck. = Packung/Päckchen
g = Gramm
kg = Kilogramm
ml = Milliliter
l = Liter
evtl. = eventuell
geh. = gehäuft
gestr. = gestrichen
TK = Tiefkühlprodukt
°C = Grad Celsius
Ø = Durchmesser

Kalorien-/Nährwertangaben

E = Eiweiß
F = Fett
Kh = Kohlenhydrate
kcal = Kilokalorien
kJ = Kilojoule
BE = Broteinheiten

Alphabetisches Register

Hinweise zu den Rezepten
Lesen Sie bitte vor der Zubereitung – besser noch vor dem Einkaufen – das Rezept einmal vollständig durch. Oft werden Arbeitsabläufe oder -zusammenhänge dann klarer.

Zutatenliste
Die Zutaten sind in der Reihenfolge ihrer Verarbeitung aufgeführt.

Arbeitsschritte
Die Arbeitsschritte sind einzeln hervorgehoben, in der Reihenfolge, in der wir sie ausprobiert haben.

Backofeneinstellung
Die in den Rezepten angegebenen Backtemperaturen und -zeiten sind Richtwerte, die je nach individueller Hitzeleistung des Backofens über- oder unterschritten werden können. Bitte beachten Sie deshalb bei der Einstellung des Backofens die Gebrauchsanweisung des Herstellers und machen Sie nach Beendigung der angegebenen Backzeit eine Garprobe.

Zubereitungszeiten
Die Zubereitungszeit beinhaltet nur die Zeit für die eigentliche Zubereitung, die Backzeiten sind gesondert ausgewiesen. Längere Wartezeiten wie z. B. Kühlzeiten sind ebenfalls nicht mit einbezogen.

Für Fragen, Vorschläge oder Anregungen steht Ihnen der Verbraucherservice der Dr. Oetker Versuchsküche, Telefon: +49 (0) 18 03 24 25 26
Mo.-Fr. 8:00-18:00 Uhr, Sa. 9:00-15:00 Uhr (0,09 EUR /Min.) zur Verfügung
oder schreiben Sie uns:
Dr. Oetker Verlag KG, Am Bach 11, 33602 Bielefeld
oder besuchen Sie uns im Internet unter www.oetker.de.

Umwelthinweis Dieses Buch und der Einband wurden auf chlorfrei gebleichtem Papier gedruckt. Die Einschrumpffolie – zum Schutz vor Verschmutzung – ist aus umweltfreundlichem und recyclingfähigem PE-Material.

Redaktion Anke Rabeler, Berlin
Carola Reich

Lektorat no:vum Susanne Noll, Leinfelden-Echterdingen

Titelfoto Thomas Diercks, Hamburg
Innenfotos Walter Cimbal, Hamburg (S. 4, 6, 10, 14, 22, 28–36, 40–48, 52, 58)
Thomas Diercks, Kai Boxhammer, Hamburg (S. 8, 12, 24, 38, 50, 54, 56)
Uli Hartmann, Halle, Westf. (S. 20)
Ulrich Kopp, Sindelfingen (S. 60)
Brigitte Wegner, Bielefeld (S.18, 26)
Bernd Wohlgemuth, Hamburg (S. 16)

Foodstyling Hermann Rottmann, Hamburg

Rezeptentwicklung und -beratung Anke Rabeler, Berlin

Nährwertberechnungen Nutri Service, Hennef

Grafisches Konzept kontur:design, Bielefeld
Gestaltung M·D·H Haselhorst, Bielefeld
Titelgestaltung kontur:design, Bielefeld

Reproduktionen Meyle + Müller GmbH & Co. KG, Pforzheim
Satz JUNFERMANN Druck & Service, Paderborn
Druck und Bindung Firmengruppe APPL, aprinta druck, Wemding

ISBN 978-3-7670-0912-7